Jacqueline Jarmer
Glutenfrei backen kinderleicht

Jacqueline Jarmer

Glutenfrei backen kinderleicht

Rediroma-Verlag

Bibliografische Information der Deutschen Nationalbibliothek:
Die Deutsche Nationalbibliothek verzeichnet diese Publikation in der Deutschen Nationalbibliografie; detaillierte bibliografische Daten sind im Internet über http://dnb.ddb.de abrufbar.

Bäckerei Jarmer, Löbauer Straße 14, Kottmar, 02708 Kottmarsdorf
E-Mail: jarmerbaecker@aol.com
Facebook: Bäckerei Jarmer GbR

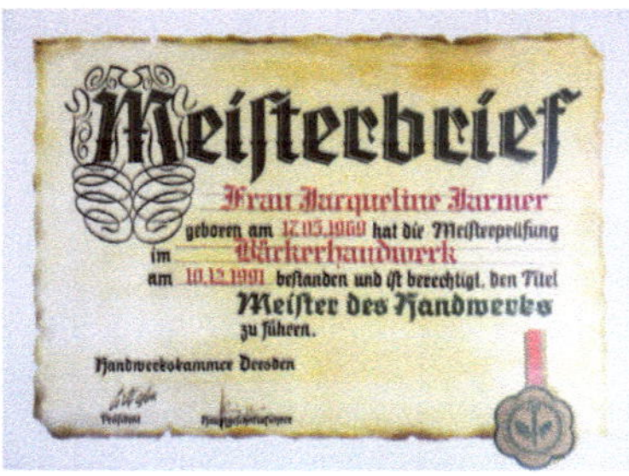

ISBN 978-3-96103-466-6

www.rediroma-verlag.de
12,95 Euro (D)

Inhalt

Einleitung

Liebe Hobbybäcker und Backneulinge

Ich betreibe seit über zwanzig Jahren eine kleine Bäckerei in der Oberlausitz und backe seit fünfzehn Jahren hauptsächlich für Allergiker.
Als Bäckermeisterin und geprüfte Ernährungsberaterin im Bäckerhandwerk hab ich es mir zur Aufgabe gemacht, Menschen mit Lebensmittelallergien und -intoleranzen kulinarisch zu verwöhnen.

Dabei reicht unser Sortiment von weizenfreien über laktosefreie bis hin zu glutenfreien Backwaren.

Oft werde ich nach Torten oder Gebäcken gefragt, deren Herstellung in unserem kleinen Betrieb einfach nicht umsetzbar ist.

Deshalb habe ich mich entschlossen, einige meiner Lieblingsrezepte für Sie aufzuschreiben und zu veröffentlichen. Die Backwaren sind einfach herzustellen, sodass auch nicht so erfahrene Hobbybäcker keine Probleme haben dürften. Ich wünsche Ihnen viel Spaß beim Backen!

Jacqueline Jarmer

Hefeteig Grundrezept

20g Hefe
250ml handwarmes Wasser zusammen aufschlämmen
500g Reismehl
100g Butter oder Margarine
80g Zucker
Eine Prise Salz

Alle Zutaten in das Wasser-Hefegemisch geben und zu einem Teig verkneten. Vor der Weiterverarbeitung ca. 1 Stunde zugedeckt ruhen lassen.

Streusel Grundrezept

300g Reismehl
200g Butter
150g Zucker

Alle Zutaten so lange verkneten, bis ein Streuselteig entsteht.

Mohnfüllung Grundrezept

250g Mohn
250g Zucker
70g Maisgrieß
20g Rapsöl
Bittermandelaroma

Alle Zutaten mit ca 200 ml Wasser überbrühen, verrühren und danach vor der Weiterverarbeitung ausquellen und abkühlen lassen.

Mandelfüllung Grundrezept

400g gemahlene Mandeln in der Pfanne leicht anrösten
200g Zucker
100g Maisgrieß
1 Fläschchen Bittermandelaroma

Alle Zutaten vermischen und mit 300 ml kochendem Wasser überbrühen.
Zur Weiterverarbeitung auskühlen lassen.

Mürbeteig, Grundrezept

300g Reismehl
200g Butter
100g Zucker
1 Ei
1 Msp. Salz
1 Spritzer Zitrone

Aus allen Zutaten zügig einen Knetteig herstellen und vor der Weiterverarbeitung gut durchkühlen.
Danach gründlich durchkneten, ausrollen, Kekse ausstechen und auf einem mit Backpapier ausgelegtem Blech, im vorgeheizten Backofen, bei 180 Grad Celsius goldgelb backen.

Spritzgebäck

250g Butter
150g Zucker
335g Maisstärke
1 Ei
Salz, Vanille, Zitrone

Alle Zutaten zusammen aufschlagen, 335 g Maisstärke unterheben, in einen Spritzbeutel mit Sterntülle füllen, auf ein mit Backpapier ausgelegtes Blech Rosetten, ca 3c m Durchmesser, spritzen und bei 180 Grad Celsius goldgelb backen.

Flammende Herzen

Verwenden Sie die Masse wie beim Spritzgebäck. Auf ein mit Backpapier ausgelegtes Blech werden Herzen aufdressiert. Beginnend mit einem 6cm langem Strang, darunter, ohne den Spritzbeutel abzusetzen ein 4 cm langer Strang, darunter 2 cm ...
Die Herzen wie das Spritzgebäck abbacken und nach dem auskühlen jeweils 2 Stück mit Marmelade füllen.

Rotweinkuchen

250g weiche Butter
250g Zucker
5 Eier
zusammen schaumig rühren.

250g Reismehl
10g Kakao
1 Päckchen Backpulver
versieben

250ml Rotwein
100g Schokostreusel
Salz, Vanille, Zimt
... unterrühren, in eine gefettete Form geben und bei 170 Grad Celsius, im vorgeheizten Backofen ca 60 min backen. Stäbchenprobe machen.

Stäbchenprobe: Mit einem Holzstab, z.B. Schaschlikspieß, in die Mitte des Kuchens stechen. Wenn kein Teig mehr am Stäbchen klebt, ist der Kuchen fertig.

Makronenringe

Mürbeteig nach Grundrezept herstellen.

Ausrollen und runde Plätzchen von ca 5 cm Durchmesser ausstechen.

Mandelmasse in einen Spritzbeutel mit Sterntülle füllen und am Rand entlang einen Kreis auf die Mürbeteigplätzchen spritzen.

Jetzt mit einem Teelöffel Marmelade in die Mitte geben. Auf ein mit Backpapier ausgelegtes Blech legen und im vorgeheizten Backofen bei 180 Grad Celsius goldgelb backen.

Mandelecken

1000g Mürbeteig
1000g Mandelfüllung
1 Ei
200g Schokolade
500g Mürbeteig *ausrollen und gleichmäßig auf einem gefetteten und bemehltem Backblech verteilen. Mit einer Gabel in Abständen von 3 cm einstechen, damit sich später keine Luftblasen bilden.*

Die Mandelfüllung gleichmäßig auf dem Boden verteilen. Jetzt den restlichen Mürbeteig ausrollen und die Mandelfüllung damit bedecken.
Das Ei in einer Tasse gut verrühren, den Kuchen damit einpinseln und mit der Gabel vorsichtig Muster auf die Eistreiche ziehen. Bei 180 Grad Celsius ca 45 min backen. Nach dem Auskühlen in Dreiecke schneiden.
Die Schokolade im Wasserbad erhitzen und die Mandelecken mit allen 3 Seiten hinein tunken, abtropfen und auf Backpapier trocknen lassen.

Butterstollen

500g Reismehl
100g Zucker
200g Butter
40g Butterschmalz
40g geh. Mandeln
60g Zitronat
10g Salz
Vanille, Zitrone, Rum
140ml Wasser mit 60g Hefe *aufschlämmen, aus allen Zutaten einen Teig herstellen, ca 1 Stunde ruhen lassen. In der Zwischenzeit 300 g Sultaninen in heißem Wasser einweichen.*
Nach der Ruhezeit die Sultaninen gut abtropfen lassen und unter den Teig geben.
550 g Stücke abwiegen, zu Laiben formen und im vorgeheizten Backofen, bei 160 Grad Celsius ca 1 Stunde backen.

Mohnstriezel

250g Hefeteig nach Grundrezept
800g Mohnfüllung
500g Streusel nach Grundrezept

Den Hefeteig auf ca 30 x 30 cm ausrollen.

Auf das mittlere Drittel die Hälfte von der Mohnfüllung verteilen, dabei am Rand ca 2 cm aussparen.
Nun eine Teigseite darüber schlagen und darauf den restlichen Mohn verteilen.
Jetzt die andere Teigseite darüber legen und die Ränder andrücken.
Die Oberfläche mit einer Gabel einstechen, dabei darauf achten, dass die Löcher bis ganz nach unten gehen, da sich sonst unschöne Luftpolster bilden.
Zum Schluss die Oberfläche mir Wasser einpinseln, den Streusel darauf verteilen und gut andrücken.
Im vorgeheizten Backofen, bei ca 170 Grad Celsius ca 45 min backen.

Mohnstollen

200g Hefeteig
600g Mohnfüllung

Den Hefeteig ca 5 mm dick ausrollen.
Die Mohnfüllung gleichmäßig darauf verteilen und nun den Teig von beiden Seiten bis zur Mitte aufrollen.

Eine Kastenform einfetten und den Stollen mit der glatten Seite nach unten in die Form legen.

Nach einer Ruhezeit von 30 min den Stollen im vorgeheizten Backofen bei 170 Grad Celsius ca 45 min backen.

Erst nach dem Auskühlen aus der Form nehmen.

Quark-Muffins

500g Quark
200g Zucker
100g Reismehl
10g Backpulver
3 Eier
1 Spritzer Zitronensaft
1 Messerspitze Salz

Mehl und Backpulver versieben und mit den restlichen Zutaten zu einer gleichmäßigen Masse verrühren.

In Muffinsförmchen füllen (ca 60 g pro Stück) und im vorgeheizten Backofen bei 180 Grad Celsius ca 15 min backen.

Mini-Käsekuchen

500g Quark
1 Päckchen Puddingpulver Vanille
1 Msp Salz
1 Spritzer Zitrone
60g Zucker
2 Eier

Eier trennen.
Eigelb und Zucker schaumig rühren, Quark, Puddingpulver, Salz und Zitrone einrühren.
Eiweiß zu steifem Schnee schlagen und vorsichtig unter die Quarkmasse heben.

In eine kleine gefettete Backform, 18 cm Durchmesser, geben und ca 30 min bei 180 Grad Celsius backen.

Baiser

4 Eiweiße
200g feiner Zucker

Eiweiß zu steifem Schnee aufschlagen, am Ende Zucker löffelweise unterheben.
Mit einem Spritzbeutel kleine Rosetten auf ein mit Backpapier ausgelegtes Blech spritzen und im vorgeheizten Backofen bei 100 Grad Celsius 2 Stunden trocknen lassen.

Um Kokosmakronen herzustellen, werden mit dem Zucker noch 200 g Kokosraspel untergehoben, die Backtemperatur beträgt dann 150 Grad Celsius und die Backzeit 20min.

Torte nach „Sacher" Art

250g Reismehl
250g Zucker
250g Rapsöl
350g Schokolade
5 Eier
10g Backpulver

Mehl mit dem Backpulver versieben und danach alle Zutaten zu einer Masse verrühren.
150 g Schokolade im Wasserbad erhitzen bis sie flüssig ist und danach unter die Masse rühren.
Die fertige Sachermasse in eine gefettete Form (24 cm) füllen und bei ca 180 Grad Celsius 50 bis 60min backen. Danach abkühlen lassen.
200 g Schokolade im Wasserbad auflösen.
Den abgekühlten Kuchen quer aufschneiden und mit Marillenkonfitüre füllen.

Zum Schluss die ganze Torte mit der aufgelösten Schokolade überziehen und nach Wunsch garnieren.

Torte nach „Linzer" Art

250g Reismehl
250g Zucker
250g gemahlene Mandeln oder Haselnüsse
250g Butter
1 Ei
1/2 Teelöffel Zimt
1 Msp Salz

Aus allen Zutaten einen Teig herstellen und zugedeckt ca 30 min in den Kühlschrank legen.
Danach den Teig gründlich durchkneten. 2/3 ausrollen und eine gefettete Backform (ca 24 cm Durchmesser) damit auslegen, dabei einen kleinen Rand andrücken.
Jetzt den Boden mehrmals mit einer Gabel einstechen und danach mit 250 g Marillenkonfitüre bestreichen. Den restlichen Teig ausrollen und in 1-2 cm breite Streifen schneiden. Daraus ein Gitter auf die Torte legen. Wenn noch Teig übrig ist, daraus Blüten ausstechen und die Torte garnieren. Zum Schluss ein Ei verquirlen und mit einem Pinsel das Gitter bestreichen.

Die Torte im vorgeheizten Backofen bei 180 Grad Celsius ca 30 min backen.

Vor dem Verzehr noch einen Tag durchziehen lassen.

(Torte nach „Linzer“ Art)

Dreierlei Muffins

250g Zucker
250g weiche Butter
250g Reismehl
5 Eier
1/2 Päckchen Weinsteinbackpulver
1 Päckchen Vanillezucker
1 Msp Salz

Alle Zutaten außer Mehl und Backpulver zu einer lockeren Masse aufschlagen. Nun Mehl und Backpulver darüber sieben und vorsichtig unterheben.
In Muffinsförmchen je ca 50 g der Masse füllen und im vorgeheizten Backofen bei 180 Grad Celsius ca 20 min backen. Um Schokomuffins herzustellen wird der Masse gemeinsam mit dem Mehl 50 g Kakao zugegeben.

Für Marmormuffins die Förmchen je zur Hälfte mit Schoko- und Vanillemasse füllen.

Tortenboden

5 Eier
150 g Zucker
150 g Mehl

Eier und Zucker zu einer lockeren Masse aufschlagen (ca 10 min) Danach das Mehl sieben und vorsichtig unterheben.
Den Boden von einer Springform mit Backpapier auslegen und die Masse einfüllen.
Jetzt sofort im vorgeheizten Backofen, bei 170 Grad Celsius 40 Minuten backen.
Nach dem Auskühlen mit einem Messer den Tortenring vom Tortenboden lösen und den Ring entfernen.

Nun vorsichtig das Backpapier abziehen.

Wer wenig Erfahrung mit Biscuitböden hat, kann dem Mehl auch ein halbes Päckchen Backpulver zufügen.

Buttercreme

500g Butter
1/2 Liter Milch
2 Päckchen Vanille Puddingpulver, glutenfrei

Zuerst nach Anleitung den Pudding kochen, Milchmenge im Rezept beachten.

Damit sich keine Haut bildet, zum Abkühlen den Pudding mit Klarsichtfolie zudecken.

Danach die zimmerwarme Butter mit dem Mixer locker aufschlagen, jetzt können, je nach Geschmack, noch andere Aromen wie Zitrone, Mandel ... zugegeben werden.

Dann vorsichtig, nach und nach den abgekühlten Pudding zugeben. Dabei weiter aufschlagen, bis eine lockere Creme entsteht.

Buttercremetorte

Tortenboden
Buttercreme nach Rezept

Den Tortenboden waagerecht in drei gleich große Scheiben teilen.
Ca 1/4 von der Buttercreme gleichmäßig auf die erste Scheibe verteilen.
Die nächste Scheibe auflegen und andrücken.
Wieder Creme aufstreichen und den nächsten Boden auflegen. Nun den Boden und den Rand mit Creme einstreichen und mit einem Schaber glätten.

Mit der restlichen Buttercreme die Torte ausgarnieren.

Falafel

120 g Kichererbsenmehl
1/2 Teelöffel Kreuzkümmel, gemahlen 1 Esslöffel Petersilie, gehackt 1 rote Zwiebel, gehackt
1 Knoblauchzehe, gehackt
1 Teelöffel Salz
1 Spritzer Zitronensaft
1 Teelöffel Olivenöl

Alle Zutaten vermischen und mit 100 ml kochendem Wasser überbrühen.

10 min quellen lassen. Es muss ein geschmeidiger, gut formbarer Teig entstehen, evtl. noch Wasser zugeben.

Kleine Burger formen, am besten mit 2 Löffeln oder einem Eisportionierer, und in der Pfanne, in heißem Öl, von beiden Seiten goldgelb braten. Dabei am besten den Deckel schließen und nur einmal wenden, um ein Austrocknen zu vermeiden.

Buchweizenbrot / Reisbrot

350g Buchweizenmehl
20g Hefe
10g Salz
ca. 300 ml handwarmes Wasser

Die Hefe im Wasser auflösen und ca 10 min an einem warmen Ort stehen lassen.
Mehl und Salz abwiegen und zusammen mit dem Hefe-/ Wassergemisch zu einem weichen Teig verarbeiten. Den Brotteig in eine kleine Kastenbackform geben, zudecken und nochmals an einem warmen Ort ca 30 min stehen lassen.
Den Backofen auf 180 Grad Celsius vorheizen und dann das Brot ca 50 min bei 180 Grad Celsius backen.

Statt Buchweizen- kann auch Reismehl verwendet werden.

Amaranth-Buchweizenbrötchen

90g Amaranthmehl
90g Buchweizenmehl
80g Reismehl
40g Kartoffelflocken
8g Salz
20g Hefe
350 ml Wasser

Die Hefe in das warme Wasser bröckeln und verrühren, an einem warmen Ort ca 10 min stehen lassen.
Die anderen Zutaten abwiegen und gut vermischen.
Das Hefe/ Wassergemisch darüber gießen und alles zu einem Knetteig verarbeiten.
Aus dem Teig 10 gleichgroße Brötchen formen und auf ein Backblech legen, ca 20 min ruhen lassen

Jetzt den Backofen auf 180 Grad Celsius vorheizen und bei der Temperatur die Brötchen ca 15 min backen.

Kokos-Cookies

290g Reismehl
300g Butter
150g Zucker
80g Kokosraspel
80g Schokotropfen
1 Prise Salz
1 Ei

Die weiche, zimmerwarme Butter mit dem anderen Zutaten zügig zu einem Teig verkneten. Daraus eine Rolle mit ca. 4 cm Durchmesser formen und kühl stellen. Nach ca 1 Std. 0,5 cm starke Scheiben schneiden. Auf ein Backblech legen und in vorgeheizten Backofen bei 180 Grad Celsius ca. 10 min goldgelb backen.

Schoko-Cookies

300g Maismehl
100g Zucker
200g Pflanzenmargarine
100g Schokotropfen
1 EL Kakao
1 Ei
1 Prise Salz

Das Reismehl mit dem Kakao versieben. Danach mit dem Zucker, der weichen Margarine, Ei und Salz zu einem Teig verkneten. Zum Schluss die Schokotropfen unterarbeiten. Aus dem Teig eine ca 4 cm starke Rolle formen und kühl stellen. Nach einer Stunde 5 mm starke Scheiben schneiden und im vorgeheizten Backofen bei ca. 180 Grad Celsius 10 min backen.

Reis-Hirse-Taler

200g Reismehl
200g Hirseflocken
300g Butter
150g Zucker
1 Ei
1 Prise Salz
TL Zimt

Das Reismehl mit dem Zimt vermischen und dann aus allen Zutaten einen Teig herstellen. Eine Rolle von ca 4 cm Stärke formen und ca. 1 Std. kalt stellen. Danach ca ½ cm starke Scheiben schneiden und auf eine Backblech legen. Im vorgeheizten Ofen bei ca. 180 Grad Celsius 10 min goldgelb backen.

Mandelhörnchen

300g gemahlene Mandeln
200g Butter
100g Zucker
1 Prise Salz
1 Päckchen Vanillezucker
1 Ei

Die gemahlenen Mandeln anrösten. Danach mit der weichen Butter und den restlichen Zutaten zu einen Teig verarbeiten. Ca. 30 min kühl stehen lassen. Danach nochmal kräftig durchkneten. Aus dem Teig Hörnchen formen und auf ein Backblech legen. Ofen vorheizten, bei 180 Grad Celsius je nach Größe die Hörnchen 10min goldgelb backen.

Haselnusssterne

300g gemahlene Haselnüsse
200g Butter
100g Zucker
1Ei
1 Prise Salz
Ganze Haselnüsse zum dekorieren

Aus allen Zutaten, außer den ganzen Haselnüssen, einen Teig herstellen. Diesen dann 30 min kühl stellen.
Danach den Teig nochmals kräftig durchkneten, ausrollen und Sterne ausstechen. Zum bestäuben der Arbeitsfläche kann Reismehl verwendet werden.
Die Sterne auf ein Backblech legen und in die Mitte je eine ganze Haselnuss drücken. Im vorgeheizten Backofen bei 180 Grad Celsius ca. 10 min backen.

Cranberry-Gebäck

300g Reismehl
200g Pflanzenmargarine
100g Honig
10g Cranberrys
1 Prise Salz
1 Ei
1 Packung Kuvertüre

Die Cranberrys in kleine Würfel schneiden. Mit den restlichen Zutaten verkneten.
Den Teig zu einer Rolle formen und oben und unten flach drücken.
Die Rolle ca. 1 Stunde kühl stellen.
Danach ½ cm starke Scheiben schneiden und im vorgeheizten Backofen bei 180 Grad Celsius ca. 10 min backen.
Die Kuvertüre im Wasserbad schmelzen lassen und die abgekühlten Kekse zur Hälfte glasieren.

Müsliriegel

300g Buchweizenmehl
200g Pflanzenmargarine
100g Honig
200g Studentenfutter
1 Ei Kuvertüre

Aus allen Zutaten zügig einen Teig herstellen und kühl stellen. Nach ca. 1 Stunde den Teig durchkneten und ca. 1cm dick ausrollen. Riegel von
3 x 5cm schneiden und auf ein Backblech legen. Im vorgeheizten Backofen bei ca. 170 Grad Celsius ca. 10min backen.
Die Kuvertüre im Wasserbad erwärmen. Die abgekühlten Riegel damit glasieren.

Aprikosen-Persipan-Gebäck

300g Maismehl
200g Butter
200g Persipan
100g getrocknete Aprikosen
1 Ei

Die Aprikosen in kleine Würfel schneiden.
Danach alle Zutaten zu einen Teig verarbeiten und zu einer Rolle formen.
Nach einer Ruhezeit von ca. 1 Stunde im Kühlschrank herausnehmen und in ca. ½ cm dicke Scheiben schneiden.
Auf ein Backblech legen und bei 180 Grad Celsius ca. 12-15min goldgelb backen.

Mandel-Marzipan-Gebäck

300g gemahlene Mandel
200g Pflanzenmargarine
200g Marzipan
100g gehackte Mandeln
1 Ei

Zuerst die gehackten Mandeln anrösten.
Danach aus allen Zutaten einen Teig herstellen.
Den Teig ca. 30 min kalt stellen.
Danach ausrollen und ausstechen. Den ausgestochenen Teig auf ein Backblech legen und im vorgeheizten Backofen bei 180 Grad Celsius 10 min goldgelb ausbacken.

Buchweizen-Marmeladen-Berge

300g Buchweizenmehl
200g Butter
100g Zucker
1 Ei
1 Prise Salz Marmelade

Aus allen Zutaten, außer der Marmelade, einen Teig herstellen. Ca. 1 Stunde kalt stellen.
Danach nochmal intensiv durchkneten und kleine Kugeln von 1 cm Durchmesser formen. Auf ein Backblech legen und etwas breit drücken.
Mit einem Rührlöffelstiel je eine Delle eindrücken und mit Marmelade befüllen.
Danach bei 180 Grad Celsius ca. 12-15 min backen.

viel
Spaß
beim backen